BEI GRIN MACHT SICH IHR WISSEN BEZAHLT

- Wir veröffentlichen Ihre Hausarbeit, Bachelor- und Masterarbeit

- Ihr eigenes eBook und Buch - weltweit in allen wichtigen Shops

- Verdienen Sie an jedem Verkauf

Jetzt bei www.GRIN.com hochladen und kostenlos publizieren

Von Personen, Abtreibung und dem Staat. Eine philosophische Klärung

Bibliografische Information der Deutschen Nationalbibliothek:

Die Deutsche Nationalbibliothek verzeichnet diese Publikation in der Deutschen Nationalbibliografie; detaillierte bibliografische Daten sind im Internet über http://dnb.d-nb.de abrufbar.

ISBN: 9783389026380
Dieses Buch ist auch als E-Book erhältlich.

© GRIN Publishing GmbH
Trappentreustraße 1
80339 München

Druck und Bindung: Books on Demand GmbH, Norderstedt Germany
Gedruckt auf säurefreiem Papier aus verantwortungsvollen Quellen

Das vorliegende Werk wurde sorgfältig erarbeitet. Dennoch übernehmen Autoren und Verlag für die Richtigkeit von Angaben, Hinweisen, Links und Ratschlägen sowie eventuelle Druckfehler keine Haftung.

Das Buch bei GRIN: https://www.grin.com/document/1474198

Otto-Friedrich-Universität Bamberg

Fakultät Sozial- und Wirtschaftswissenschaften

Lehrstuhl für Politische Theorie

„Die Würde des Menschen und die Politik"

Proseminar im Wintersemester 2023/24

Von Personen, Abtreibung und dem Staat –
Eine philosophische Klärung

Inhaltsverzeichnis

1. Einleitung

Zwischen „Abtreibung ist Mord und muss verboten werden" und „Abtreibung gehört als Grundrecht in die Verfassung" – die Meinung innerhalb dieser Debatte reichen von zutiefst konservativ bis gänzlich liberal und könnten damit kaum weiter auseinanderliegen. Dabei ist die Diskussion über die moralische und infolgedessen auch die rechtliche Zulässigkeit von Abtreibung besonders deswegen von so grundlegender Bedeutung, da sie nicht nur die Rechte und Entscheidungen der Mutter[1] betrifft, sondern auch die ethische Natur des Fötus und seine potenziellen Ansprüche auf Leben und Wohlergehen berührt. Aus diesem Grund ist die Abtreibungsdebatte ein zentraler sozialer, ethischer und politischer Brennpunkt, an dem sich die Stellung von Personen, die individuelle Autonomie und die mögliche Verantwortung der Gesellschaft sowie des Rechtsstaates überschneiden. Inmitten dieser kontroversen Meinungslandschaft erhebt sich jene zentrale Frage, welche im Rahmen dieser Arbeit argumentativ erläutert werden soll: Welche Möglichkeiten der Legitimation besitzt Abtreibung in einem philosophischen Kontext? Dabei sollen theologische Argumente von der Betrachtung ausgeschlossen werden, da als Ausgangspunkt ein säkularer Staat vorausgesetzt wird. Im Rahmen dieser Frage muss sich ausführlich mit der Bedeutung von Personen und der gesonderten Stellung der Würde (des Menschen) auseinandergesetzt werden, wodurch die Seminarthematik nochmalig aufgegriffen und in ihren wichtigsten Grundzügen erläutert werden soll. Daraufhin findet eine Hinleitung zum Themenkomplex der Abtreibung statt, welcher sich nicht zuletzt mit der Würde potenzieller Personen und der Frage danach, ob der Fötus eine Person ist, beschäftigt und deswegen eine Relevanz für die Diskussion der Würde aufweist. Im Zuge dieser Überlegungen sollen sowohl

---

[1] Die Begriffe der Mutter, Schwangeren und austragenden Person sollen im Folgenden synonym verwendet werden und ihnen werden außerdem die Pronomen „sie/ihr" beigefügt. Nichtsdestotrotz soll sich diese Bezeichnung nicht auf das Geschlecht beziehen, sondern alle Personen einbeziehen, die ein Kind gebären können.

die Würde der Mutter, die des Fötus sowie dessen potenzielle Würde betrachtet und abgewogen werden. Im Anschluss daran wird der Interessenkonflikt zwischen der Mutter und dem Fötus außerdem noch expliziert, so dass schließlich Schlussfolgerungen für die Rolle des Rechtstaates formuliert werden können. Letztendlich sollen die gewonnenen Erkenntnisse nochmals reflektiert werden, um eine konkrete Folge für die Handlung und Fundierung der Politik, welche wiederum zu Teilen das Recht bedingt, abzuleiten.

2. Zum Verhältnis von Person und Würde

Was unterscheidet Personen von allen anderen Formen des Lebens? Woraus lässt sich eine derartige Abgrenzung schlussfolgern, wie kann man sie begründen? Diese Fragen sollen im Rahmen der grundlegenden Konstruktion eines Personenbegriffs erläutert und in diesem Kapitel dargestellt werden. Daraufhin soll das Themenfeld der Würde beachtet werden, so sie auch innerhalb des Seminares als bedeutsam herausgestellt wurde.

Für den Aufbau eines Personenbegriffes muss notwendigerweise abstrahiert werden, was in einer möglichen philosophischen Konstruktion nicht unter diesem Begriff zu verstehen ist. Einzig diese Abgrenzung ermöglicht es innerhalb der Argumentation festzulegen, worin die Besonderheit dieser Lebensform besteht, auf Grundlage derer sich ein besonderer Schutzstatus und ein außerordentliches Vorrecht ergibt. Denn eine solche Unterteilung wäre hinfällig, wenn sie keine unmittelbaren und praktischen Folgen hervorbrächte. Beginnt man dazu in der grundlegenden Betrachtung der Wirklichkeit, so ergeben sich zunächst Objekte als Grundlegung für alle weiteren Bestandteile. Derartige Objekte sind dabei als bloße „Dinge" zu verstehen, die sich wiederum in logische und reale Objekte unterteilen.[2] Logisch sind Objekte genau dann, wenn sie sich einzig und allein rational erschließen lassen, folglich keine räumliche Ausdehnung besitzen. Wiederum werden reale Dinge, die eine derartige räumliche Ausdehnung besitzen deswegen ebenso unter dem Begriff der Sache verstanden. Bei der rationalen Erschaffung von Subjekten braucht es neben der Objektivität, welche die Existenz solcher „Dinge" begründet, zudem die Subjektivität. Konkret bedeutet der Begriff der Subjektivität, dass dem objektivierten „Ding" ein Bewusstsein und Spontanität hinzugefügt wird.[3] Doch auch der Status eines Subjektes als solches ist nicht ausreichend, um von einer Person im abgegrenzten Rahmen sprechen zu können. Selbstverständlich fallen unter eine derartig breit gefasste Begriffsbestimmung auch weitere Formen des Lebens, darunter auch Tiere. An dieser Stelle ist es deshalb wichtig, eine Trennung von a-personalen und personalen Subjekten vorzunehmen.[4] Dabei entfällt auf a-personale Subjekte die Eigenschaft des Triebes sowie eine ausschließlich sinnliche Empfindung, die wiederum das Handeln motiviert. Während man diese Attribute zwar auch bei personalen Subjekten vorfindet, werden sie dort außerdem von der rationalen Erkenntnis erweitert. Ihnen obliegt es, eine Wahl zwischen unterschiedlichem Begehren zu treffen – dem Sittlichen

---

[2] Willaschek, Marcus, Stolzenberg, Jürgen, Mohr, Georg & Bacin, Stefano (2021): Kant-Lexikon. Seite 1995.
[3] Willaschek, Marcus, Stolzenberg, Jürgen, Mohr, Georg & Bacin, Stefano (2021): Kant-Lexikon. Seite 2195-2199.
[4] Baum, Manfred (2020): Subjekt und Person bei Kant. Seite 17-30.

und dem Rationalen.[5] Schließlich ist außerdem davon auszugehen, dass die Idee einer Personalität lediglich bei personalen Subjekten vorgefunden werden kann, woraus sich zudem der Begriff der Person ableiten lässt. Um eine wirksame Folge der Person zu erhalten ist es nötig, mehrere Personen in eine interpersonale Relation zu setzen, welche als Interpersonalität zu verstehen ist. Ein Personalitätsverhältnis kann sowohl gelingen als auch misslingen. Als Negativbeispiel wäre hierbei das Verhältnis der Sklaverei zu verstehen, in welchem Personen andere Personen nicht als solche achten. In einem gelungenen Verhältnis hingegen werden Personen von Personen geachtet indem beispielsweise ein beidseitiger Arbeitsvertrag geschlossen wird. Hieraus ergibt sich das allgemeine Verständnis von Sozialität des menschlichen Zusammenlebens, die wiederum selbst als Grundlage für alle weiteren Ebenen der Gesellschaft, darunter die des Staates, fungiert. Jene Vorüberlegungen waren an dieser Stelle essenziell, um nun die tatsächliche Definition einer Person vornehmen zu können. Als Person begriffen werden kann nur, wer als moralisches, zur Selbstbestimmung fähiges Wesen unter Triebbedingungen existiert. Unabdingbar ist hierbei die freie moralische Selbstbestimmung einer Person, gemäß derer eine freie Entscheidung zwischen Trieb und Vernunft vorgenommen werden kann. So macht der Trieb allein das Subjekt lediglich zum Tier, die bloße Vernunft jedoch zum heiligen Wesen, das nach Kant nicht als endliche Person verstanden werden kann.[6] Die Entscheidung zwischen Sittlichkeit und menschlichem Trieb erhebt die Person damit über das a-personale Subjekt. Zu verstehen ist ein solches sittliches Handeln dabei als unbedingtes Sollen, welches sich als Gesetz im Sinne des moralischen Gebotes ergibt.[7] Zu verstehen ist dieses unbedingte Sollen auch als kategorischer Imperativ, welcher „[in] der allgemeinsten (und wirkungsmächtigsten) Formulierung lautet […]: „[H]andle nur nach derjenigen Maxime, durch die du zugleich wollen kannst, daß sie ein allgemeines Gesetz werde.""[8] Er richtet sich damit notwendigerweise an alle vernünftig-sittlichen Wesen, wodurch sich eine direkte Einbeziehung der Person, wie sie zuvor erläutert wurde, ergibt. Darüber hinaus muss außerdem die Selbstzweckformel einer Person geachtet werden, welche besagt, dass eine Person von anderen Personen niemals als bloßes Mittel, sondern stets auch als Zweck an sich selbst zu verstehen. Dieser Anspruch ergibt sich für all jene, die einen absoluten Wert (Würde) besitzen und schützt die Achtung aller Rechte, die sich daraus ergeben.[9] Was also grenzt Personen von allen anderen Formen des Lebens ab? Personen sollen auf Grundlage der eben dargestellten Konstruktion im Folgenden als personale Subjekte verstanden werden, die zur moralischen Selbstbestimmung und der Unterscheidung zwischen Sittlichkeit und Trieb fähig sind. Aufgrund ihrer besonderen Stellung kommt ihnen alleinig die moralische Grundlage der Würde zu, die den absoluten Wert einer Person beschreibt. Sie ist ein Moralbegriff und zielt auf die Wahrung der inneren und äußeren Würde ab, welche im Sinne der Willens- und der Wirkfreiheit von Personen allzeit schützenswert sind.[10]

---

[5] Gerten, Michael (2016): Das Erziehungsziel des mündigen Bürgers im Kontext von Moral und Recht. Seite 95.

[6] Willaschek, Marcus; Stolzenberg, Jürgen; Mohr, Georg & Bacin, Stefano (2021): Kant-Lexikon. Seite 1013f.

[7] Gerten, Michael (2016): Das Erziehungsziel des mündigen Bürgers im Kontext von Moral und Recht. Seite 95.

[8] Willaschek, Marcus; Stolzenberg, Jürgen; Mohr, Georg & Bacin, Stefano (2021): Kant-Lexikon. Seite 1152.

[9] Willaschek, Marcus; Stolzenberg, Jürgen; Mohr, Georg & Bacin, Stefano (2021): Kant-Lexikon. Seite 2753.

[10] Gerten, Michael (2016): Das Erziehungsziel des mündigen Bürgers im Kontext von Moral und Recht. Seite 93f.

Die innere Würde ist insofern intrinsisch, als dass sie von einer Person nur innerlich selbst verletzt werden kann, da sie unmittelbar mit der Idee der Personalität verknüpft ist. Demnach wäre es nötig, einen Menschen ohne Personalität zu erschaffen, um ihm auf diese Weise seine Willensfreiheit zu rauben. Jedoch sind das Töten und ins Koma zu versetzen, die einzig wirksamen Methoden, um die Personalität einer Person tatsächlich zu ermorden. In allen anderen Fällen wird sie ihrer Wirkfreiheit beraubt, was mit einem Eingriff in die äußere Würde einer Person einhergeht. Hierbei ist jedoch anzumerken, dass Personen auch durch die Natur und das Wirken anderer Personen eingeschränkt werden können. Jedoch sprechen wir bei dieser Beschränkung – anders als bei Angriffen auf die Würde einer Person – noch nicht von Unrechtmäßigkeit. Eine Einschränkung, die aus der Leibhaftigkeit von mehreren Personen entsteht, ist als Interpersonalverhältnis eben dieser zu werten.[11] Um die Wahrung der äußeren Würde von Personen trotz dieses Verhältnisses gewährleisten zu können ist es deshalb wichtig, dass Personen niemals als bloßes Mittel, sondern immer auch als Zweck an sich selbst begriffen werden. Nur auf diese Weise kann ihrer Würde auch innerhalb von Personalitätsbeziehungen gewahrt werden.

3. Die konservative Position

Eine Betrachtung der Legitimationsmöglichkeiten des Schwangerschaftsabbruchs und damit der vorsätzlichen Tötung des Fötus setzt voraus, zunächst einmal die Strategie derer zu erörtern, die sich als Abtreibungsgegner:innen in der Debatte begreifen. Hierbei mag es eine Vielzahl an abgestuften Positionen geben, die jedoch an dieser Stelle exemplarisch durch die konservative Position und deren Argument(e) vertreten werden soll.

Zu Beginn einer solchen Argumentation wird festgelegt, dass der Beginn menschlichen Lebens mit dem Zeitpunkt der Befruchtung zusammenfällt, infolgedessen dem Ungeborenen von diesem Moment an das gleiche Lebensrecht zugesprochen wird wie einem bereits geborenen und/oder erwachsenen Menschen. Die Zugehörigkeit zur Spezies des Menschen (homo sapiens), so die Position der Konservativen, ist ausreichend, um über ein Lebensrecht zu verfügen – und da es sich bei einem Fötus um einen potenzieller homo sapiens handelt, so trifft diese Beschreibung auch auf ihn zu.[12] Aus all diesen Annahmen ergibt sich eines der klarsten Argumente:

> Erste Prämisse: Es ist unrecht, ein unschuldiges menschliches Wesen zu töten.
> Zweite Prämisse: Ein Fötus ist ein unschuldiges menschliches Wesen.
> Schlußfolgerung: Daher ist es unrecht, einen menschlichen Fötus zu töten.[13]

Die Tötung selbst wird als Folge der Abtreibung von keiner Seite angezweifelt oder bestritten. Worum es stattdessen geht, ist die Überlegung, ob die Herbeiführung dieses Todes moralisch verwerflich ist und deswegen unterbunden gehört. Hierzu soll im Folgenden dargestellt werden, mittels welcher Argumente Schwangerschaftsabbrüche legitimiert werden.

[11] Gerten, Michael (2016): Das Erziehungsziel des mündigen Bürgers im Kontext von Moral und Recht. Seite 96f.
[12] Kindl, Manfred (1996): Philosophische Bewertungsmöglichkeiten der Abtreibung. Seite 75f.
[13] Singer, Peter (1994): Praktische Ethik. Seite 180.

4. Eine Abwägung von Würde

4.1. Geiger-Analogie nach J. Thomson

Zur Veranschaulichung des moralischen Konfliktes, in dem man sich befindet, sobald eine Abwägung der Würde der Mutter und dem möglichen Lebensrecht eines ungeborenen Kindes stattfindet, entwarf die amerikanische Philosophin Judith Jarvis Thomson Anfang der 1970er Jahre ein bis heute einflussreiches philosophisches Gedankenexperiment. Dieses soll im Folgenden kurz umrissen werden, so dass die vorliegende Problemstellung konkretisiert werden kann. Sie gesteht Abtreibungsgegner:innen dabei zu, dass Föten Personen sind[14]. Gleich zu Beginn stellt sie jedoch klar, dass sie dieses Zugeständnis nur der Argumentation wegen macht, nicht aber aus einer intrinsischen Überzeugung heraus.[15] Damit begibt sie sich nicht auf den klassischen Pfad der Argumentation, welche normalerweise den Status eines Fötus als Person herausfordert, sondern diskutiert grundlegend, ob es unter allen Umständen falsch ist, das Lebensrecht einer Person zu missachten und deshalb den vorsätzlichen Tod einer anderen Person herbeizuführen, wenn man die Verantwortung dafür trägt.

Man stelle sich also vor, eines Tages aufzuwachen und kurz darauf festzustellen, dass der eigene Blutkreislauf über Schläuche mit dem eines fremden, bewusstlosen Menschen verbunden sind. Bei dieser anderen Person handelt es sich um einen berühmten Geiger, dessen Leben unmittelbar von der Hilfsbereitschaft und dem Blut Ihrer eigenen Person abhängt. Sie wurden in diesem Szenario außerdem entführt, weil Anhänger:innen des Geigers feststellen konnten, dass Sie als einzige Person in der Lage sind, die Genesung des Musikers mittels ihres Blutes herbeizuführen. Allerdings, so wird Ihnen wenig später von dem behandelnden Arzt verkündet, ist es dafür nötig, dass Sie für die nächsten neun Monate die Verbindung zu dem Geiger aufrechterhalten und auf diese Weise sein Blut reinigen. Entschieden Sie sich jedoch dafür, die Schläuche zu entfernen, so müssten Sie unweigerlich verantworten, dass der Geiger stirbt.[16]

Das Problem, welches hierbei unmittelbar angesprochen wird, lautet wie folgt: Personen haben ein Recht auf Leben. Der Geiger ist eine Person. Dementsprechend hat der Geiger ein Recht auf Leben. Zwar wird Ihnen selbst ebenso ein Recht auf Leben und zudem die Freiheit zur Entscheidung über den eigenen Körper zugesprochen, diese Freiheit wird in diesem Szenario moralisch aber unter allen Umständen durch das Lebensrecht des Geigers überwogen.[17] Unabhängig davon, dass Sie sich hier in einer unfreiwilligen Situation befinden und rein körperlich in der Lage wären, die Schläuche zu trennen, wird dennoch von Ihnen erwartet, das Leben des Geigers uneingeschränkt zu achten und deswegen die Verbindung zwischen den Körpern aufrechtzuerhalten. Überträgt man diesen Sachverhalt auf die Abtreibungsdebatte so ergibt sich

---

[14] Diese Annahme soll im weiteren Verlauf der vorliegenden Arbeit noch hinterfragt und argumentativ ergründet werden. Für das Verständnis der Analogie ist sie jedoch insofern von Bedeutung, als dass sie Voraussetzung dafür ist, den berühmten Geiger einem Fötus innerhalb der Abtreibungsdebatte gleichzusetzen. Spätere Erkenntnisse oder Argumentationen sollen deswegen keinen Einfluss auf J. Thomsons Beispielführung haben, sie ebenso wenig entkräften.

[15] Judith Jarvis Thomson: A Defense of Abortion, Seite 1.

[16] Judith Jarvis Thomson: A Defense of Abortion, Seite 1f.

[17] Judith Jarvis Thomson: A Defense of Abortion, Seite 3.

die Abwägung des Rechtes auf Leben für Personen (welches gemäß Thomsons Gedankenexᵖeriment und der Annahme, dass es sich bei einem Fötus um eine Person handelt, auch für ebendiesen angewandt werden muss) und der Freiheit zur Selbstbestimmung der Mutter. Der Arzt innerhalb der Analogie und auch Abtreibungsgegner:innen argumentieren, dass ein solches Lebensrecht die persönliche Freiheit – so sie denn von Kritiker:innen überhaupt als bedeutsam anerkannt wird – stets und unter allen Umständen überwiegt.

4.2. Die Würde der Mutter

In der Betrachtung der Mutter – und daran besteht wenig bis keinerlei Zweifel – müssen wir davon ausgehen, dass es sich um eine aktuelle Person handelt, die gemäß der anfangs aufgestellten Konstruktion von Personen zwangsläufig als sinnliches Wesen verstanden wird, welches zur moralischen Selbstbestimmung fähig ist und auf Grundlage dessen eine innere und äußere Würde besitzt. Diese Würde zu schützen ist Verpflichtung des deutschen Rechtsstaates, so er seine eigenen Gesetze und ganz konkret Artikel 1 des Grundgesetzes („Die Würde des Menschen ist unantastbar. Sie zu achten und zu schützen ist Verpflichtung aller staatlichen Gewalt.") einzuhalten versucht. In diesem Kontext ist es deswegen bedeutsam, dass das Leben der Mutter nicht zugunsten der Entwicklung des Fötus gefährdet werden darf, wenn weitreichende gesundheitliche Folgen, die bis hin zum Tod reichen, zu erwarten sind. Das Lebensrecht der Mutter verlangt von uns, dass wir ihr bei medizinischer Indikation den Vorrang gewähren. Die Forderungen innerhalb der Abtreibungsdebatte, unter anderen vertreten durch die feministische Position, gehen darüber aber noch deutlich hinaus. Wenngleich der Fötus womöglich in den Interessensbereich des Vaters, der weiteren Familie oder gesamtgesellschaftlicher Akteur:innen fällt, so ist der Grad der Betroffenheit bei der Mutter dennoch stets am höchsten. Denn der Fötus kann sich – mit Ausnahme wissenschaftlicher Experimente und der Befruchtung außerhalb des menschlichen Körpers – auf natürliche Weise nicht ohne den Körper der Mutter weiterentwickeln. Es besteht insbesondere zu Beginn der Schwangerschaft eine totale Abhängigkeit des Fötus von der Versorgung durch die Mutter, was wiederrum eine absolute Vormachtstellung der Mutter zur Folge hat. Niemand außer ihr ist in der Lage, derartige Besitzansprüche über den Körper zu formulieren.[18] Daraus ergibt sich, dass einzig die Mutter die Freiheit besitzt, über das Leben des Fötus zu entscheiden. Feministische Philosoph:innen beziehen sich im Zuge dieses Arguments auch immer wieder auf die eingangs vorgestellte Geiger-Analogie von J. Thomson. Dort wird der Status als Person nämlich nicht in Frage gestellt, sondern zunächst grundlegend dargestellt, dass keine Verpflichtung besteht einen anderen Menschen mittels seines eigenen Körpers am Leben zu erhalten. Denn ein Recht auf Leben, so der Inhalt der Analogie, kann allein noch nicht die Benutzung des Körpers einer anderen Person zum Überleben einfordern. Entsprechend dieser Überlegung wird argumentiert, dass es nicht zwangsläufig Unrecht ist, sich von dem Geiger abkoppeln zu lassen und man müsste dann auch die Schlussfolgerung zulassen,

---

18 Kindl, Manfred (1996): Philosophische Bewertungsmöglichkeiten der Abtreibung. Seite 182.

dass es kein Unrecht ist einen Schwangerschaftsabbruch durchzuführen.[19] Man mag diese Entscheidung für moralisch verwerflich halten aber unterbinden können wir sie deswegen nicht – auch dann nicht, wenn sie kriminalisiert wird. Stattdessen stellt sich im Rahmen dieser Arbeit die Frage, wie es um die Legitimationsgrundlage, insbesondere in Bezug auf die Stellung des Fötus, zu einem vorzeitigen Abbruch der Schwangerschaft gestellt ist.

4.3. Die Würde des Fötus

Wie innerhalb der Konstruktion von Personen bereits herausgearbeitet wurde, ist nicht jedes Leben, auch nicht jedes menschliche Leben, mit dem Status einer Person gleichzusetzen. Infolgedessen soll an dieser Stelle explizit betrachtet werden, ob der Fötus als zukünftiges menschliches Leben bereits die Kriterien zur Beschreibung als Person erfüllt. Um eine derartige Überlegung überhaupt zulassen zu können muss anerkannt werden, dass die Begriffe Mensch und Person in dieser Argumentation nicht synonym verwendet werden können, weswegen die Zugehörigkeit zur Spezies des homo sapiens zumindest in philosophischer Hinsicht noch keine unmittelbaren Auswirkungen für die Zuschreibung einer Würde bedeutet. Außerdem muss davon ausgegangen werden, dass nur jenes Wesen, welches einen absoluten Wert – eine Würde – besitzt auch über ein Lebens*recht* verfügt, das es rechtlich und politisch zu verteidigen gilt.[20]

Zunächst einmal lässt sich formulieren, dass es sich bei dem Fötus um ein Wesen im weitesten Sinne handelt, da es sich aus lebendem Gewebe heraus entwickelt und aus diesem Grund wesentlich ist. Seine genetische Veranlagung kann zudem der Spezies des homo sapiens zugeschrieben werden. Deswegen können wir den Fötus als Sein zum Menschsein begreifen, auch wenn er zum diskutablen Zeitpunkt noch kein Mensch im klassischen Sinne ist.[21] Um darüber hinaus ebenso den Status als Person innezuhaben, müsste der Fötus – solange man sich auf einen kantiatinischen Personenbegriff bezieht – als moralischen Wesen, welches zur Selbstbestimmung und der Entscheidung zwischen Trieb und Sittlichkeit fähig ist, zu verstehen sein (vgl. Kapitel 2). Die Feststellung, dass ein Fötus im Leib der Mutter jedoch über kein Bewusstsein, Selbstbewusstsein oder moralische Entscheidungskraft verfügt, hat also zur Folge, ihn nicht als Person begreifen zu können. Da moralische Rechte und Pflichten, wie etwa die Selbstzweckformel, nur auf Personen angewendet werden können, die über eine zumindest teilweise rationale Natur verfügen und des Ich-Bewusstseins fähig sind.[22] Aufgrund des geringen Entwicklungsstandes des Fötus ist dies jedoch nicht gegeben, woraus geschlussfolgert werden muss, dass ihm auch jene Rechte einer Person wie Würde und Lebensrecht nicht zukommen können – diesen inneren absoluten Wert können wir lediglich personalen Subjekten zugestehen. Der Fötus unterscheidet sich damit maßgeblich von der Stellung seiner Mutter.

[19] Singer, Peter (1994): Praktische Ethik. Seite 190ff.
[20] Tooley, Michael (1972): Abortion and Infanticide. Seite 41f.
[21] Saner, Hans (1974): Der Fötus ist noch nicht ein Mensch. Philosophische Überlegungen zum Problem der Abtreibung. Seite 9-17.
[22] Willaschek, Marcus; Stolzenberg, Jürgen; Mohr, Georg & Bacin, Stefano (2021): Kant-Lexikon. Seite 1742.

4.4. Die potenzielle Würde des Fötus

Für die weitere Argumentation sei anzunehmen, dass die eben herbeigeführte Behauptung – nämlich, dass ein Fötus keine Person ist – in dieser Form zutreffend ist und einem ungeborenen Menschen deswegen keine unmittelbare Würde zukommt. Denn Würde, wie sie bei Kant formuliert ist, kann lediglich als absoluter Wert einer Person begriffen werden und schließt damit den Fötus, wie er im vorangegangenen Kapitel ergründet wurde, aus. Trotzdem ergibt sich zugunsten des Fötus ein weiteres Argument, welches das Ziel verfolgt, ihm ein uneingeschränktes Lebensrecht[23] einzuräumen. Man spricht hierbei von dem Potentialitätsargument. Es besagt, dass einem menschlichen Fötus schon deswegen ein gesonderter Schutzstatus zukommt, weil er das Potential besitzt, einmal zur Person zu werden und deswegen eine Veranlagung zur Würde vorhanden ist. Allein diese müsse geschützt, geachtet und unter allen Umständen gewahrt werden. Doch inwiefern ist diese Herangehensweise zutreffend?

Das Potentialitätsargument fordert, dass etwas, was einmal X werden kann, von Beginn an behandelt werden muss, als wäre es bereits X.[24] Für den Fötus heißt das konkret, dass er von dem Moment der Verschmelzung von Eizelle und Samenzelle an als Person bewertet werden muss, da er einmal Person werden kann. Ihn als Person zu achten, würde in dieser Hinsicht ebenso bedeuten, ihm eine Würde und ein Lebensrecht zuzugestehen. Jedoch ist die befruchtete Eizelle bei weitem kein Garant dafür, dass es tatsächlich zur Entwicklung einer zukünftigen Person kommt. Man denke in diesem Kontext beispielsweise an Fehlgeburten, die entweder durch Fremdeinwirkung oder durch Abstoßung des Fötus im Leib der Mutter passieren. So oder so handelt es sich bei einem Fötus in den ersten 12 Wochen nach Befruchtung um einen überaus instabilen Zustand, der nicht mit Sicherheit zu einem erwachsenen Menschen führt. Wenn man also davon ausgeht, dass das Potential des Fötus ausreichend ist, um ihm ein uneingeschränktes Lebensrecht einzuräumen, dann müsste man das Potential aller Stufen des Lebens anerkennen. Denn ebenso wie eine befruchtete Eizelle besäße eine Eizelle an sich, als lebendes Gewebe, sowie das Spermium die Anlage für ein künftiges Leben. Möchte man diese Überlegung auf die Spitze treiben, so wäre die Menstruation bereits eine verschwendete zukünftige Person, weil sie nicht ihr volles Potential entfaltet hat und die Ejakulation, welche nicht dem Zweck der Befruchtung dient, eine Verschwendete. Zwar mögen beide Stadien – die der Eizelle und die des Spermiums – von der Zeugung oder Geburt einer zukünftigen Person an und für sich genommen weiter entfernt sein als eine bereits befruchtete Eizelle, sie verfügen aber dennoch in ihrer Anlage über ein vergleichbares Potential. Denn sie alle vereint, dass sie unter den richtigen Umständen und dem Zusammenspiel vielerlei Faktoren einmal X (der Fötus) werden können.[25] Daraus ergibt sich, dass eine unbedachte und uneingeschränkte Achtung des potenziellen Fötus, noch viel weitreichende Folgen als die Überlegung eines Verbotes und weiter Kriminalisierung

---

[23] Uneingeschränktes Lebensrecht meint im Kontext der Abtreibungsdebatte, dass bereits ab Verschmelzung von Ei- und Samenzelle von einem Fötus (und des Weiteren einem Menschen und einer Person) gesprochen wird und steht damit in direkter Verbindung zu dem anerkannten Lebensrecht von aktuellen Personen.
[24] Harris, John (1995): Der Wert des Lebens. Eine Einführung in die medizinische Ethik. Seite 39.
[25] Harris, John (1995): Der Wert des Lebens. Eine Einführung in die medizinische Ethik. Seite 39f.

der Abtreibung mit sich brächte. Man müsste sich außerdem damit auseinandersetzen, ob herkömmliche Verhütungsmethoden nicht bereits als Eingriff das Potential einer zukünftigen Person zu werten sind. Unter diesen Aspekt fallen unter anderem die Spirale und die „Pille danach", welche das Ziel verfolgen, die Implantation der befruchteten Eizelle zu unterbinden.[26] Welche Schlussfolgerungen lassen sich also aus dieser Betrachtung ableiten? Das Potentialitätsargument fordert, dass jede Anlage einer Person bereits als tatsächliche Person geachtet werden muss, wodurch ihr automatisch auch eine Würde zukäme. Jedoch wird dabei vernachlässigt, dass nicht nur die befruchtete Eizelle das Potential des Fötus in sich trägt, sondern bereits andere Stadien. Dadurch ergibt sich, dass ein solches Argument weder moralisch noch funktionell tragbar ist. Denn jede Möglichkeit des menschlichen Lebens bereits zu einer Person zu erheben, würde nicht nur einen erheblichen Angriff auf die Freiheit der Mutter darstellen, sondern ebenso auf ihre aktuelle Person – das Leben der Mutter hätte dann den gleichen Wert, wie jede ihrer Eizellen.

5. Zum Verhältnis von Mutter und Fötus – Ein Interessenskonflikt

Innerhalb aller Überlegungen zum Wert des Lebens eines Fötus tätigen wir nicht nur Aussagen über dessen Rechte, sondern bekennen uns auch unmittelbar zum Status der Mutter. Doch welche Schlussfolgerungen lässt diese Abwägung von Mutter und Fötus überhaupt zu? Wie weit darf eine Verteidigung des ungeborenen Lebens gegenüber einer aktuellen Person gehen? Um diese Frage beantworten zu können soll zunächst noch einmal explizit betont werden, wel-che Erkenntnisse aus den vorherigen Kapiteln zugrunde liegen. Es wurde ergründet, dass es sich bei der Mutter um eine aktuelle Person handelt, deren Würde und Lebensrecht es unbedingt zu schützen gilt. Dagegen steht der Fötus, welcher wiederum nicht als Person begriffen werden kann, da ihm relevante Eigenschaften fehlen und sein Potenzial allein nicht ausreichend ist, um ihn der Mutter gleichzustellen. Allgemein ergibt sich daraus also ein Konflikt zwischen dem Willen der Mutter und der möglichen Zukunft des Fötus.

Die Idee eines Lebensrechtes impliziert an dieser Stelle der Debatte, dass die Interessen des getöteten Individuums[27] mit Durchsetzung der Tötung verletzt werden. Aus diesem Grund wird die Tötung eines:einer anderen im Rahmen der Rechtsprechung auch als Unrecht verstanden. Wir befinden uns an dieser Stelle also weiterhin im Konflikt zwischen dem Wunsch der Mutter, die Schwangerschaft vorzeitig abzubrechen und der Verteidigung potenzieller Rechte des Fötus durch Dritte. Um ein Interesse am eigenen Überleben haben zu können, muss zunächst ein Be-wusstsein vorhanden sein sowie die Möglichkeit, sich selbst als distinktive Entität in der Zeit zu begreifen.[28] Diese beiden sind zwangsläufig als Bedingung für das Ausprägen von eigenen Interessen zu verstehen. Würde man sich dagegen vorstellen, dass A keine Vorstellung davon

---

[26] Wiesing, Urban (1999): Ungeborenes Leben: Widersprüchliche Regelungen.

[27] An dieser Stelle absichtlich nicht als „Person" bezeichnet, da Föten, auch wenn gegen ihren Status als Person bereits in einem früheren Kapitel ausgesagt wurde, vorerst in die Überlegung des Eigeninteresses einbezogen werden sollen.

[28] Singer, Peter (1994): Praktische Ethik. Seite 130-134.

hätte, dass A auch in Zukunft existieren wird, dann ist der Gedanke, dass A ein zukünftiges Interesse entwickeln könnte, formal hinfällig. Nur wenn A in der Lage ist zu begreifen, dass A über den Ist-Zustand hinaus Bestand haben kann, so wird A ein mögliches Überlebensinteresse entwickeln können. Denn etwas, was sich selbst nicht als lebend und zudem fortlaufend lebend begreift, kann unmöglich ein Interesse am eigenen Fortbestand haben. Es ist folglich davon auszugehen, dass ein Ichbewusstsein unabdingbar für die Ausbildung eines solchen Überlebensinteresses ist und außerdem in den meisten erwachsenen Personen vorgefunden werden kann.[29] Wie in dem Kapitel über Personen bereits ausführlich erläutert wurde, sind Personen zur moralischen Selbstbestimmung fähig und besitzen ein Bewusstsein. Für den konkreten Fall der Abtreibung bedeutet dies, dass die Mutter – da sie als Person verstanden wird – durchaus ein Interesse an ihrem eigenen Überleben hat und dieses auch gegen den Fötus durchzusetzen vermag. Insbesondere dann, wenn der Fötus die Mutter in Lebensgefahr begibt, wird ihr eigenes Überlebensinteresse sie dazu anhalten, die Schwangerschaft abzubrechen, so sie sich willentlich und moralisch dafür entscheidet. Gemeinhin ist diese konkrete Situation als medizinische Indikation bekannt. Stellen wir uns an dieser Stelle doch einmal die Frage, ob es denkbar wäre, dass ein Fötus ein derartigeres Lebensinteresse besitzt. Wenn man davon ausgeht, dass ein Neugeborenes sich selbst noch nicht als identisches Subjekt im Verlauf der Zeit begreifen kann[30], dann erscheint logisch, dass ein Fötus, als Vorstufe des Neugeborenen, diese Fähigkeit ebenfalls nicht besitzt. Als Konsequenz dieser Überlegung, muss deshalb geschlussfolgert werden, dass ein Fötus zumindest im Sinne seiner fehlenden Personalität noch nicht in der Lage sein kann, eigene Interessen zu entwickeln.[31] In Bezug auf die Abtreibungsdebatte bedeutet dieses Argument zunächst, dass in besonders frühen Stadien der Entwicklung des Fötus, während das Vorhandensein eines Bewusstseins noch gänzlich ausgeschlossen werden kann, das Eigeninteresse der Mutter das fehlende Interesse des Fötus überwiegen muss. Unter dieser Maßgabe kann Abtreibung ganz zu Beginn der Schwangerschaft nahezu problemlos durch das Interesse der Mutter entschieden werden. Da dem Fötus ein Ichbewusstsein fehlt und nicht mit Sicherheit feststeht, dass es jemals den Entwicklungsstand dieses Bewusstseins erreicht, muss das Lebensinteresse der Mutter insofern gewahrt werden, dass sie keiner Austragung des Fötus verpflichtet wird, der selbst kein Interesse an seinem Leben vorweisen kann. Es handelt sich bei dem Fötus allenfalls um ein vorpersonales Wesen, welches durch das Interesse der Mutter (ergo ihrem ausdrücklichen Wunsch, den Fötus zu gebären) oder das Interesse einer politischen Gemeinschaft gewahrt werden kann, nicht aber auf Grundlage seines eigenen Überlebensinteresses und daraus resultierenden Lebensrechtes.[32] Eine Schwangerschaft ist damit eine einzigartige menschliche Beziehung zwischen Mutter und Fötus, da sie lediglich ein einseitiges Verhältnis darstellt. Hierzu beobachten wir, dass die Mutter in ihrer moralischen Selbstbestimmung frei darin ist, das Ungeborene anzunehmen oder abzulehnen. Der Fötus kann diese Entscheidung

---

[29] Hoerster, Norbert (1991): Abtreibung im säkularen Staat. Argumente gegen den §218. Seite 69-77.
[30] Auch Neugeborene entwickeln ihr vollständiges Bewusstsein erst über Zeit, weswegen kurz nach der Geburt lediglich Wünsche des Triebes (beispielsweise Hunger) vorgefunden werden.
[31] Hoerster, Norbert (1991): Abtreibung im säkularen Staat. Argumente gegen den §218. Seite 79ff.
[32] Hoerster, Norbert (1991): Abtreibung im säkularen Staat. Argumente gegen den §218. Seite 93-96.

gegenüber seiner Mutter aufgrund des fehlenden Selbstbewusstseins, welches zuvor ausgeführt wurde, nicht treffen – es ergibt sich ein ganz und gar asymmetrisches Verhältnis beider zueinander. Deswegen kann außerdem davon gesprochen werden, dass sich die Schwangere und ihr Fötus in einem, von der Außenwelt abgeschlossenen Mikrokosmos befinden, welcher sich dem Zugriff Dritter und des Staates selbst entzieht. So steht jedem Versuch, die diskutable Schutzpflicht an dem Fötus durch den Staat zu erfüllen, eine Mutter im Weg, so sie sich gegen die Schwangerschaft entscheidet. In dieser rein willentlichen Entscheidung ist sie frei, benötigt jedoch in den meisten Fällen Hilfe, um die Abtreibung ohne akute Lebensgefahr und gesundheitliche Langzeitschäden durchführen zu können. Es lässt sich also sagen, dass die innere Würde der Mutter stets durch ihre Willensfreiheit gewahrt ist und wir uns in der Debatte lediglich mit ihrer äußeren Würde – der Wirkfreiheit – auseinandersetzen.[33]

6. Die Rolle des Rechtstaates

Wie im Verlauf der bisherigen Arbeit schon mehrfach erwähnt wurde, ist die Mutter bei Weitem nicht die einzige Person, welche ein Interesse an der Fortsetzung beziehungsweise vorzeitigen Beendigung der Schwangerschaft äußert. Immer wieder kommt es auf vielzählige Weise zur Einmischung in den Prozess der Entscheidung und der Durchführung einer Abtreibung durch Dritte. Man muss sich in dieser Hinsicht die Frage stellen, worum es in der Debatte konkret geht: die Entscheidung einer (möglicherweise werdenden) Mutter oder den moralischen Einspruch durch Abtreibungsgegner:innen. Folglich ist zu betrachten, inwieweit der Rechtstaat auf die Forderungen Außenstehender im Rahmen dieser gesellschaftspolitischen, aber auch moralischen Diskussion einzugehen hat. Dabei argumentieren liberale Denker:innen, unter anderen John Stuart Mill, dass der Staat sich aus Angelegenheiten der Moral grundlegend heraushalten muss. Ganz konkret bedeutet das auch, dass das Gesetz niemanden zur Sittlichkeit und vermeintlich moralisch richtigem Verhalten zwingen kann, darf und sollte. Diese Entscheidung obliegt allein dem:der Entscheidungsträger:in und sollte ausschließlich dann eingeschränkt werden, wenn mit einer unmittelbaren Gefährdung anderer Personen zu rechnen ist. In dieser Hinsicht ist eine mögliche Gefährdung des Selbst, sei sie moralisch oder physisch, nicht ausreichend, um den Eingriff in die Persönlichkeitsrechte zu rechtfertigen. Unter allen anderen Umständen, wenn lediglich die Freiheit einer einzelnen Person mitsamt Körper und Geist zur Frage steht, muss der Staat die Wirkfreiheit dieser Person über sich selbst schützen.[34] Bei der Übertragung dieses Sachverhalts auf den Kontext der Abtreibungsdebatte zeigt sich, dass es sich um eine freie Willensentscheidung der Mutter handelt, den Fötus abtreiben zu *wollen*. Wie zuvor schon erläutert handelt es sich bei dem Fötus um keine Person, die im Sinne des Staates der Schutzpflicht unterliegt, weswegen von keiner Gefährdung einer anderen Person gesprochen werden kann. Es ist deswegen davon auszugehen, dass die Entscheidung der Mutter – unabhängig von den körperlichen Folgen auf sie selbst und der moralischen Bewertung ihres

---

[33] Kindl, Manfred (1996): Philosophische Bewertungsmöglichkeiten der Abtreibung. Seite 182-186.

[34] Mill, John Stuart (1859): On Liberty. Seite 13.

Wunsches zum Abbruch der Schwangerschaft – keine derartigen Folgen für Dritte hat, die den Staat dazu verpflichten könnten, ihre Handlung zu unterbinden. Eine moralische Übereinkunft von Entscheidungsträger:innen ist für den speziellen Fall der Abtreibung nicht notwendig, da bereits zuvor die Rechtmäßigkeit des staatlichen Eingriffs ausgeschlossen werden kann.

7. Fazit

Ich komme aufgrund der Tatsache, dass der Mutter alle Rechte und Pflichten einer Person zukommen – darunter ein Überlebensinteresse, eine innere und äußere Würde sowie ein Lebensrecht – zu dem Schluss, dass ihre persönliche Freiheit stärker gewahrt werden muss als die eingeschränkte Veranlagung eines Fötus, den wir gemäß der Konstruktion von Personen nicht als solche verstehen können. Damit sei nicht gesagt, dass der Fötus gemeinhin wert*los* ist, wohl aber, dass seine Stellung unterliegt, wenn die Mutter sich im Zuge ihrer moralischen Selbstbestimmung gegen das Austragen des Fötus entscheidet. Ihre Rechte müssen vor den potenziellen Ansprüchen einer noch zukünftigen Person gewahrt werden. Denn der Fötus selbst kann noch nicht Rechtssubjekt sein, so er noch nicht einmal Person ist. Wiederum muss also der Rechtstaat der Mutter diese Freiheit einräumen und darf nicht gesetzlich dagegenwirken. In der Folge bedeutet das, dass eine Streichung des Paragraphen 218 des Strafgesetzbuches[35] notwendigerweise vorangetrieben werden muss und die Markierung der Abtreibung als, unter bestimmten Bedingungen, straffreie Handlung allein nicht ausreichend ist. Es ergeben sich gemäß der vorangestellten Argumentation keine haltbaren Grundlegungen, die einen derartigen Eingriff in die Wirkfreiheit der Mutter rechtfertigen, wie er durch derzeitige Beschränkungen und Beschwerlichkeiten für Mütter besteht. In keinem Fall ist davon auszugehen, dass einer potenziellen Person in seinem Stadium als Fötus die gleiche Würde zukommt, wie seiner Mutter.

---

[35] §218 besagt, dass ein Schwangerschaftsabbruch grundlegend eine strafbare Handlung darstellt, welche lediglich in Sonderfällen (formuliert in §218a) straffrei bleibt. In §218c werden außerdem zahlreiche Auflagen für Ärzt:innen festgehalten.

Verzeichnis der verwendeten Literatur

Baum, Manfred (2020): Subjekt und Person bei Kant. In: Dieter Hüning [Hrsg.]: *Band 2 Arbeiten zur praktischen Philosophie Kants: Arbeiten zur praktischen Philosophie Kants* (Seiten 17-30). Berlin, Boston: De Gruyter.
Elektronisch abrufbar unter: https://doi.org/10.1515/9783110605426-005, [28.03.2024].

Gerten, Michael (2016): Das Erziehungsziel des mündigen Bürgers im Kontext von Moral und Recht. In: Fritz Reheis et al. [Hrsg.]: Kompetenz zum Widerstand. Eine Aufgabe für die politische Bildung. Schwalbach: Wochenschau Verlag. Seiten 90-102.

Harris, John (1995): Der Wert des Lebens. Eine Einführung in die medizinische Ethik. Berlin: Akademie Verlag.

Hoerster, Norbert (1991): Abtreibung im säkularen Staat. Argumente gegen den §218. Frankfurt am Main: Suhrkamp.

Kindl, Manfred (1996): Philosophische Bewertungsmöglichkeiten der Abtreibung. Berlin: Dunker und Humblot (Philosophische Schriften; Band 18).

Saner, Hans (1974): Der Fötus ist noch nicht ein Mensch. Philosophische Überlegungen zum Problem der Abtreibung. In: *vorgänge*, Nr. 10 (Heft 4/1974). Seite 9-17.
Elektronisch abrufbar unter: https://www.humanistische-union.de/publikationen/vorgaenge/10-vorgaenge/publikation/der-foetus-ist-noch-nicht-ein-mensch-philosophische-ueberlegungen-zum-problem-der-abtreibung/, [30.03.2024].

Singer, Peter (1994): Praktische Ethik. Stuttgart: Reclam, 2. Auflage.

Stuart, John Mill (1859): On Liberty. Kitchener: Batoche Books Limited.
Elektronisch abrufbar unter: https://socialsciences.mcmaster.ca/econ/ugcm/3ll3/mill/liberty.pdf, [26.03.2024].

Tooley, Michael (1972): Abortion and Infanticide. In: *Philosophy & Public Affairs*, Volume 2 (Autumn 1972). Seite 37–65.
Elektronisch abrufbar unter: http://www.jstor.org/stable/2264919, [29.03.2024].

Thomson, Judith Jarvis (1971): A Defense of Abortion. In: *Philosophy and Public Affairs*, Volume 1 (Fall 1971). Seiten 47–66.
Elektronisch abrufbar unter: https://danielwharris.com/teaching/101/readings/Thomson.pdf, [14.03.2024].

Wiesing, Urban (1999): Ungeborenes Leben: Widersprüchliche Regelungen. In: Deutsches Ärzteblatt, Heft 49 (1999): A-3163-3166.
Elektronisch abrufbar unter: https://www.aerzteblatt.de/archiv/20322/Ungeborenes-Leben-Widerspruechliche-Regelungen, [20.03.2024].

Willaschek, Marcus, Stolzenberg, Jürgen, Mohr, Georg & Bacin, Stefano (2021): Kant-Lexikon. Berlin, Boston: De Gruyter.
Elektronisch abrufbar unter: https://doi.org/10.1515/9783110762532, [28.03.2024].